AF446363

© Arturo López Valerio.

#EMPRENDE

#EMPRENDE

Una guía para ciudadanos de a pie

Arturo López Valerio

Colección
StartupsAcademy Colombo Dominicana®
2019

#EMPRENDE: una guía para ciudadanos de a pie
Arturo López Valerio
Colección StartupsAcademy Colombo Dominicana®

La impresión de este libro ha sido posible gracias al apoyo de **Tabuga®**, la metodología **StartupsAcademy®** y todas las personas cuyos nombres aparecen en la página de agradecimientos.

Corrección: Alexei Tellerías.
Continuidad: Aura Vargas.
Diagramación: Tabuga SRL.
Fotografía del autor: Tziano De Stefano/Revista Bohío®.

ISBN: 978-9945-8-0481-2
Primera Edición.
Reimpresión por Kindle Direct Publishing®.

ISBN: 978-9945-8-0487-4
Edición digital.

"Dicen que mueres dos veces:
Una vez cuando dejas de respirar
y una segunda vez, un poco más tarde,
cuando alguien dice tu nombre por última vez".
— Banksy.

A mis padres,
por involucrarme en sus emprendimientos.

A mis hijos, Daniel, Josué, David, Samuel[†] y Joel,
por darme la motivación para ser mejor cada día.

A mis hermanos, Otto y Francisco,
por enseñarme un nuevo mundo a la luz de una vela.

A Teo Veras[†],
por creer en mi potencial.

A Rita Cabrer,
por alentarme a descubrir una pasión.

A Mite Nishio,
por su amistad y apoyo profesional a través de los años.

A mi esposa, Aura,
por acompañarme en este recorrido.

Índice

1. Paciencia: una introducción

Al trabajar durante más de quince años con tecnologías exponenciales que ayudan a desarrollar capacidades tecnológicas dentro de las organizaciones, nos hemos dado cuenta de que, para reducir las brechas digitales y producir inclusión social, se requiere un esfuerzo más allá del sector tecnológico.

Catalizar y acelerar el ecosistema de emprendimiento a nivel regional, contribuyendo con ventas que ayudan a monetizar *startups* y al mismo tiempo movilizar a las organizaciones tradicionales hacia el futuro, nos hizo apreciar una constante: los jóvenes necesitan más oportunidades.

Alrededor de 2003, a la edad de 25 años, logré alcanzar la posición de Vicepresidente de Marketing en la primera agencia interactiva de mi país. Cuando dejé dicha posición (y durante varios años) no pude conseguir trabajo en un nivel similar. Esto generó la necesidad de crear un negocio propio, puesto que resultaba difícil en ese momento entender cómo una persona tan joven podía visualizar las tendencias que marcarían el futuro digital.

Mi primer obstáculo fue aprender a ser paciente.

Comprender el futuro, genera una zona de soledad sobre lo que estás hablando. En una economía centrada en productos tangibles, el inicio de los pasos para la economía digital requería un amplio proceso de sensibilización en el que tenía que enseñar a todas las partes interesadas cuál era su función en una cadena de valor digital.

Hoy en día todavía estamos en medio de esta definición.

Un material de consulta siempre es necesario para esos momentos de soledad. En el año 2010, David Heinemeier Hansson y Jason Fried, publicaron su obra *"Rework"[1]*. Para mí es un libro necesario para aquellos entusiastas que se lancen en la titánica labor de iniciar un negocio con sus propios recursos. Dentro de sus páginas proponen un cambio de mentalidad que todavía asusta a muchas mentes corporativas.

En **#EMPRENDE** comparto algunas reflexiones "para ciudadanos de a pie" que, al igual que yo, tienen una motivación extra para construir algo propio. Lo más importante es que deben tener en cuenta que, más allá de un negocio, deben enfocarse en la creación de una red de clientes.

Las relaciones son más importantes que los productos. Si logras un buen producto y capturas un buen número de clientes, aprovecha, cultiva y fortalece una relación de por vida con ellos. Haz que evolucionen con tu negocio. Verás que luego lo agradecerán.

Resumen de la entrevista realizada por Real Success Stories en Instagram.com marzo 2019.

2. Motivaciones para emprender

Una mañana estuve conversando con una cajera de un reconocido supermercado: "¿Tienes un trabajo?" "Sí" –respondió. "¿Te gusta?" "Más o menos" –dijo, bajando la cabeza.

Todos quieren la oportunidad de producir ingresos, pero luego vienen los días malos, aquellos en los que te cuesta llegar hasta el negocio. Llegas tarde y, a la hora de salida, arrancas en punto y sales corriendo. Si te está sucediendo esto –le dije a la joven– probablemente es hora de hacer algún cambio.

Debemos honrar las horas que nos pasamos en la oficina, porque nuestro trabajo debería ser algo más que un pago de nómina a fin de mes: debería ser una inspiración. A partir de ese momento la joven empezó a explicarme que tenía la ilusión de vender algunos productos en su "propio negocio" sin que esto le creara conflictos con su actual empleador.

Si tienes una idea, una pasión o un talento especial… ¡empieza! Te recomiendo que puedas darte la oportunidad e intentes explorarlo. Generalmente recomiendo un ejercicio de investigación/ imaginación que te ayudará a entender algunos retos que tendrás por delante.

Ser tu propio jefe…

No te imaginas la libertad que te confiere abrir tu propia empresa. A la hora de tomar decisiones, será tu ética la que cuenta, y al ser tu propio jefe puedes elegir cuando trabajar, en qué, dónde, e incluso cómo debes vestir para ir a la oficina.

¿Suena maravilloso?

Decir adiós al horario de 8 a 6, darle la bienvenida a trabajar cuando te apetezca: si eres madrugador, puedes empezar a trabajar antes de que salga el sol, pero si eres un animal nocturno puedes quedarte en la cama hasta el mediodía y trabajar durante la noche sin que tus colegas o tus clientes te miren mal.

La flexibilidad de ser tu propio jefe supone tener la libertad para organizar tu vida: con tus hijos, tus mascotas o tu trabajo. Al elegir tu horario de trabajo puedes despedirte de los horribles *tapones*, del agobio del transporte público, las *guaguas* en *hora pico*, y sobre todo del estrés (¡y el dinero!) que supone ir y volver del trabajo cada día.

Todo esto suena fabuloso –y es parte de mi vida ahora–, pero la realidad es que te prepara para asumir un reto constante: en tu negocio no solo eres el dueño, sino que absolutamente **todo** es tu responsabilidad. Cada día será distinto y tendrás que aprender mil cosas nuevas, conocer a nuevas personas y desarrollar habilidades que antes no tenías y no te interesaba aprender. ¡Te aseguro que nunca te vas a aburrir!

La culpa de lo que suceda de ahora en adelante es solo tuya. "¿Estás seguro de que quieres continuar?" –pregunté a la joven. "Sí, por lo menos será mío" – respondió.

Hacer lo que te gusta...

El trabajo siempre va a ser trabajo. La diferencia de hacer algo que te gusta resulta mucho más gratificante. Abrir tu propio negocio te va a costar ***"sangre, sudor y lágrimas"***[2] –evocando a Sir Winston Churchill–. Así que debes asegurarte de emprender en "algo" que realmente te apasione, porque vas a tener que dedicarle muchas horas.

Tu entusiasmo es fundamental. Tus posibles clientes se contagiarán de el, convirtiéndose en tu principal herramienta de ventas. Si hay una oportunidad en el mercado para tu pasión, ¿por qué no intentas vivir de ella?

Si eres una persona creativa, abrir tu propio negocio te dará total libertad. ***Tú decides qué hacer, cuándo y para quién.*** Es tu oportunidad de hacer lo que mejor se te da, y mostrárselo al mundo. No tendrás que estar supeditado a las ideas de otro sino, como mucho, a las de tus clientes.

No importa tu origen, sexo, condición económica o vocación. Si has investigado las posibilidades **de tu idea, tus clientes y tu mercado, nada te impide abrir tu propio negocio.**

Incluso, para aquellos que tienen temor de abandonar de manera temprana sus empleos, Patrick J. McGinnis escribió un libro titulado "Emprendedor 10%"[3]. En el mismo el autor invita a… ¡vivir el sueño de emprender, sin tener que renunciar a tu empleo!

En fin, que la vida es demasiado corta para desperdiciarla haciendo algo que no te gusta —no es bueno que te des cuenta de ello a los 40 años—. Por tanto, si tienes una gran idea, intenta todo lo que puedas para hacerla realidad.

Encontrar la receta del éxito…

Todos queremos ser recordados por algo. Al abrir tu propio negocio puedes encontrar un motivo para construir el inicio de una historia llena de esfuerzo y sacrificios. Quizá te conviertas en el *primer unicornio*[4] de tu sector, o seas el mayor fracaso del año. En cualquier escenario, procura dejar tu huella e incluso algo que tu familia pueda continuar. Esto es el legado.

En el paredón de las oportunidades siempre hay espacio para la *innovación basada en la mejora*. Tradicionalmente hay industrias que no son bien percibidas por la sociedad, y con tus ideas puedes ayudar a revolucionarlas. Esto requiere de mayor preparación y años de conocimiento a profundidad de aquello que quieras cambiar.

Un ejemplo es Melanie Perkins[5], quien es cofundadora de Canva®, una herramienta online que ha revolucionado la industria del diseño. Según las declaraciones realizadas para la revista Forbes, su enfoque fue "empoderar el mundo del diseño" a sabiendas que ya existían numerosas aplicaciones. Canva® es un nuevo unicornio australiano, demostrando que siempre existe espacio para la innovación.

A través de los eventos de StartupsAcademy®, he constatado que nadie te pondrá en las manos la receta del éxito. La misma requiere de paciencia, junto a la habilidad de combinar tus conocimientos, recursos y relaciones con la oportunidad que se te presenta.

Si tienes pocos recursos, una manera de emprender sin afectar tu bolsillo es mirar hacia la comunidad en la que vives. Hacer algo bueno por aquellos que te rodean es un excelente motivo para abrir un negocio y una excelente "vitrina" para mostrar tus habilidades, abriendo la puerta a nuevas oportunidades.

3. Evaluando tu idea de negocio

Muchos proyectos y negocios de éxito han nacido de una idea sencilla. Una pequeña luz que brilla en alguna mente y desencadena una reacción de toda la maquinaria cerebral.

La idea es solo un primer paso. Si todas las ideas se convirtieran en negocios rentables, *todos seríamos emprendedores*. Lo único que sabemos con certeza es que algunas ideas son viables y otras no. Mientras, otras solo necesitan un poco de suerte, financiamiento y confianza.

¿Cómo podemos saber que una idea tendrá algún resultado? Tienes que iniciar haciéndote a ti mismo las preguntas difíciles que dejarán al descubierto los puntos débiles de tu idea (o que sacarán a la luz puntos fuertes que desconocías).

Con nuestros equipos de trabajo hemos aplicado la metodología SPRINT® creada por Jake Knapp para Google® Ventures. Jake relata en el libro del mismo nombre que las invenciones más novedosas de Google® no provenían de los típicos *Brainstorms*[6], sino de procesos de trabajo más integrales donde se priorizaban y estructuraban las ideas individuales.

La diferencia entre un *Brainstorm* y un SPRINT® se basa en el orden estructurado de las ideas. Las sesiones de *brainstorming* generalmente son secuestradas por los actores de mayor jerarquía en las empresas y por aquellos que tienen "don de mando" en organizaciones más informales. Este hallazgo realizado por Jake Knapp contribuyó a la salida de productos como Gmail® y otros que actualmente disfrutamos (gratuitamente).

¿Tienes alguna experiencia en la industria donde propones tu idea, novedad o innovación? ¿Has pensado en cómo vas a conseguir el dinero para "echar la idea a andar"? ¿Quién compraría tu producto o servicio? Estas son solo algunas de las dudas que debemos responder a través del proceso de ideación.

El error que cometen muchos emprendedores es desarrollar directamente el producto y poner *su dinero* en algo que no ha sido probado aún. El objetivo en un SPRINT® es despejar las dudas sobre un gran desafío e identificar las piezas necesarias para el resto del camino.

Si quieres poner a prueba la solidez de tu idea debes trabajar con un diagrama de flujo donde puedas responder SI o NO a cada variable que encuentres. Es una forma muy sencilla de comprobar si puedes dar el siguiente paso para intentar iniciar un negocio o si necesitas darle unas cuantas vueltas más a tu plan.

Evita molestarte por las objeciones que recibas en el camino: ***para cada opción negativa existe un opuesto positivo.***

Otro modelo existente es el Business Model Canvas®[7], propuesto inicialmente por Alexander Osterwalder en 2008 basándose en su trabajo anterior titulado "Business Model Ontology". Este se puede utilizar en una amplia variedad de organizaciones y situaciones. Los beneficios varían de una organización a otra, pero incluyen cosas como:

- Tener una vista única del modelo de negocios de una organización.

- Aterrizar el desempeño de la gestión estratégica.

- Focalizar herramientas sólidas para vincular estrategias a diferentes tipos de organizaciones.

- Acelerar el desarrollo de planes estratégicos periódicos en organizaciones gubernamentales, etcétera.

- Abarcar desde la comunicación mejorada hasta el análisis y la ejecución.

El modelo creado por Osterwalder es globalmente utilizado para la validación de las ideas de negocio, pero requiere un estudio previo de teorías de administración.

Por esta razón prefiero un diagrama de flujo simple, en donde cada respuesta negativa necesite una acción para resolver la problemática. Las respuestas afirmativas te ayudarán a continuar a la siguiente.

Evita diseñar el negocio definitivo.

He visto muchos emprendimientos fracasar al intentar diseñar una versión final. La misma existirá en el futuro, después de muchas horas de trabajo y la colaboración conjunta de un equipo único.

Un producto o servicio dinámico es aquél que puede actualizarse a los cambios e inclusive —aparte de crecer— multiplicarse en otras versiones para segmentos distintos. ¿Un ejemplo? Uber®, que ahora tiene Uber Eats®. Misma idea para segmentos diferentes.

4. De independiente a fundador

Seguridad: una palabra importante para muchas familias alrededor del mundo. Hasta cierto punto se relaciona directamente con la capacidad de los individuos para proveer y cubrir las necesidades de su familia.

¿Has pensado alguna vez en emprender el vuelo y abandonar la relativa seguridad de trabajar en una gran empresa para lanzarte al vacío como independiente? Muchos dirán que te arriesgas. Otros pensarán que perdiste la cordura.

Tu idea de negocio puede estar amarrada a una oportunidad que pueda presentarse en un momento específico, como también puede ser el producto de un proceso de ideación ejecutado a través de los años. ¿Recuerdas el concepto de "Emprendedor 10%"? Bien.

Sólo tú conoces el momento para hacer el cambio de independiente hacia un empresa formalizada con todas las de la ley. No es algo que dicta el mercado, sino la conclusión luego de examinar las variables del capítulo anterior.

Lo más importante a la hora de crear un negocio es la preparación. Si has dado el primer paso (y el más aterrador) y abandonaste la seguridad que brinda trabajar en una gran compañía, crear tu propia empresa conlleva diversos riesgos potenciales.

Si ya has considerado la posibilidad de compartir proyectos con otros independientes de confianza, quizá es hora de dar el siguiente paso. Es saludable para tu emprendimiento delegar el trabajo en otros. En muchas ocasiones ese es el comienzo de una pyme.

Para aquellos independientes –o quienes están pensando en serlo–, compartimos unas recomendaciones para expandir su negocio y formalizar sus operaciones.

Mentalidad adecuada

Abrir una empresa no va a ser fácil. Recuerdo que cuando fundé mi primer negocio hace más de diez años, estaba seguro de lo que quería lograr. *Cogimos lucha* –en buen dominicano– pero sabíamos que el esfuerzo valdría la pena, a pesar de que nunca conoceremos el final de las historias.

Así que necesitas estar seguro de que tu mentalidad es la adecuada para enfrentarse a los dilemas –problemas que están dentro y fuera del negocio–, que conlleva lanzarse a esta aventura.

Te va a costar mucho esfuerzo. Además, en las primeras etapas trabajarás mucho más tiempo del que trabajas ahora y del que quisieras invertir en cuestiones que no tienen por qué estar relacionadas con la naturaleza de tu empresa, como tareas administrativas, procesos del Estado o peculiaridades de los clientes durante la gestión de proyectos.

¿Hay trabajo para mañana?

Es absurdo abrir una pyme si no vas a tener suficiente trabajo que la nutra. Recuerda, sin trabajo no hay dinero. Si no puedes garantizar que tendrás suficiente trabajo para tener los gastos del negocio cubiertos, quizá sea mejor seguir trabajando como independiente hasta que tu base de clientes aumente o tu carga de trabajo sea mayor.

El principal error que cometen los emprendedores es aventurarse al mercado, creando estructuras empresariales sin contar con ventas suficientes para mantener la operación.

Sale más barato ser un "Emprendedor 10%" mientras trabajas en una empresa —o ser independiente exitoso— que estar jugando al negocio.

No juegues con tus posibilidades basándote en oportunidades recientes. Tienes que estar seguro si los proyectos o pedidos serán estables y que no se trata solo de "una zafra" o negocio de temporada. Sin embargo, si tienes un excedente de trabajos potenciales y ya has tenido que rechazar encargos, compartir tu trabajo con otros independientes es una gran forma de comenzar.

La factoría de software pude fundarla gracias a comisiones que generaba como "Emprendedor 10%", basada en recomendaciones que realizaba con empresas fuera del sector donde laboraba. En vez de consumir esos ingresos adicionales, pude invertirlos efectivamente y reunir a otros profesionales independientes bajo un solo techo.

¿Funcionó? Sí, pero nadie conoce el futuro.

Planes a futuro y "posibles" problemas financieros

El dinero es probablemente el factor más importante que tengas que tomar en cuenta en esta etapa. Aunque hayas ganado un buen sueldo como empleado y factures bien como independiente, tendrás que pensar en los gastos adicionales: como sueldos, alquiler, facturas de agua, luz y telecomunicaciones, seguro, impuestos y —por supuesto— anticipos sobre los ingresos.

Antes de tomar la decisión, planifica tus finanzas con mucho cuidado. Tú eres el centro del universo para el negocio, literalmente. Pregúntate: ¿Tengo el dinero suficiente para cubrir los gastos iniciales? ¿De dónde voy a obtener más dinero si lo necesito? ¿Ganaré dinero con el negocio? Plantéate contratar a otros independientes en lugar de empezar a contratar personal fijo, si es necesario.

Piensa en Uber Eats®: parte de su operación (los repartidores) no son empleados, sino independientes que interactúan a través de una aplicación.

Nunca es tarde para revisar el plan de negocio y comprobar que cubres lo básico. Sé meticuloso y realista.

> *El principal motivo por el que fracasan*
> *las pequeñas empresas es la falta de dinero.*

Capacita a tus colaboradores

Si piensas dejar un trabajo por que no te gusta que tus ideas se vean comprometidas, o por tener que dar explicaciones sobre ellas… ¡detente un momento! Tu negocio te exigirá explicaciones las 24 horas: ***tus clientes, tus colaboradores y hasta tu familia tendrán preguntas para ti.***

Piensa en cómo vas a capacitar a tus nuevos colaboradores (empresas proveedoras, independientes o empleados) y cómo te van a afectar sus opiniones sobre tus ideas. Si prefieres hacer las cosas *a tu manera*, asegúrate de que pones en marcha procesos muy claros para que todos los involucrados puedan leer y seguir.

Recuerda que al principio puede llevar tiempo reunir un personal *All Star* (Todos Estrellas). Si vas a contratar a personas con habilidades de las que tu careces, ¡no tienes que preocuparte por capacitarlos!

Para crecer hay que formalizarse

Al decidir iniciar el camino del emprendimiento, no implica que te vayas a convertir en Mark Zuckerberg, sino que sigas un proceso transformador en el cual cada empresario y cada negocio son diferentes.

En República Dominicana existen diferentes opciones legales para formalizar tu negocio:

* Personas Físicas (PF).

* Empresa Individual de Responsabilidad Limitada (E.I.R.L).

* Sociedad de Responsabilidad Limitada (S.R.L.).

Siempre es recomendable que el emprendedor se rodee de dos personas clave durante todo el proceso del negocio: un abogado y un financiero. Será fundamental para el éxito de tu emprendimiento. Son profesionales a los que tendrás que pagar, pero es una inversión que vale la pena.

Luego, cuando tomes la decisión de abrir una pyme, vas a tener que:

* Pensar en tu marca y encontrar un nombre para el negocio.

* Redactar tu plan de negocio.

* Registrarte como empresa y preocuparte de las cuestiones legales y fiscales básicas (en República Dominicana puedes visitar la página www.formalizate.gob.do).

* Planificar tus finanzas / contabilidad.

¿Ventajas de formalizarte?

- Abrir tu propia empresa es un logro excepcional del que puedes estar muy orgulloso.

- Puedes hacer lo que te apasiona, ya sea escribir, diseñar, o dedicarte a la contabilidad, y dejar que otros colaboradores o contratistas se preocupen de la parte empresarial.

- Podrás conseguir grandes trabajos y/o clientes que tal vez te han ignorado por ser demasiado pequeño.

- Al contratar a más colaboradores tendrás más talentos a tu disposición, así que podrás aceptar más trabajos y solucionar cualquier problema más fácilmente.

- ¡Quizás puedas tomarte unas vacaciones!

Los inconvenientes:

- Más personal = más gastos = más impuestos = más riesgo. Ya de por sí es bastante arriesgado ser independiente, pero al añadir más personas a la ecuación los gastos se elevan, y con ellos los riesgos. Ten en cuenta que a menos que tus ingresos aumenten puedes encontrarte con problemas.

- De igual forma, tus responsabilidades también crecen. Ya no estás solo, ni dependes únicamente de ti mismo. Como sociedad de responsabilidad limitada (SRL) necesitas un contador, pagar tus impuestos, y asegurarte de que las cuestiones legales están cubiertas.

- Puede que tengas que volver al horario de 8 a 6. Se acabó la utopía de despertarse a mediodía y trabajar hasta que se haga de noche (a no ser que tus colaboradores y proveedores tengan un horario similar al tuyo).

- Habrá un montón de trabajo extra que quizá no te reporte demasiados ingresos (por lo menos inicialmente). Prepárate para trabajar 100 horas a la semana al principio y —¡por favor!–, no creas que vas a hacerte millonario de la noche a la mañana.

- El hecho de que puedas tener éxito como independiente ***no significa que como pyme te vaya a ir igual de bien.*** Se necesita una personalidad especial para llevar un negocio a un siguiente nivel y, por desgracia, no hay ninguna garantía de que vaya a funcionar.

¿Estás dispuesto a dar el paso?

Si has decidido que quieres abrir tu propio negocio, ¿cuál es el siguiente paso? Además de redactar un plan de negocio, necesitas averiguar cómo vas a conseguir los fondos para hacer realidad tu sueño.

Cada contacto con los actores clave que mencionamos en este libro, te llevará a nuevas revisiones de tu plan. El aprendizaje continuo es uno de los mejores métodos para tratar los distintos caminos que puedas, así que mantén los ojos bien abiertos.

5. Redacta el plan de negocio

"Simplicidad es la máxima sofisticación", dijo Leonardo Da Vinci. Con esta idea en mente, hemos elaborado una guía simple para redactar un plan de negocio que sea totalmente claro para tus posibles inversionistas.

Incluso si no necesitas inversión, redactar un plan de negocio suele ser una buena idea para asegurarte de que no te desvías del camino. Cuando tienes que tomar cientos de decisiones a la vez o decidir qué camino seguir entre la multitud que se presenta ante ti y ni siquiera te acuerdas de cuales eran tus objetivos, un plan de negocio te ayudará a centrarte de nuevo.

Si necesitas financiamiento, tus posibles inversionistas van a querer saber dónde están depositando su dinero y estar seguros de que el proyecto no es una causa perdida. Un plan de negocio es tu oportunidad de demostrar que tu idea es digna de su tiempo… ¡y de su dinero!

Normalmente, un plan de negocio consta de 6 secciones que cubren todos los aspectos de tu emprendimiento:

Lo que debe tener tu plan de negocio:

- Resumen Ejecutivo.
- Tu Visión.
- Mercado y marketing.
- Operaciones.
- Personal.
- Finanzas.

Resumen Ejecutivo

Esta unidad es la primera que los inversionistas van a leer, y en muchos casos la única que lean antes de tomar una decisión. Así que te exhortamos que seas breve y ofrezcas un buen resumen de tu negocio.

Es importante incluir una introducción clara y sencilla. Puedes empezar resumiendo tu proyecto en una sola frase.

Aborda los problemas del mercado que esperas solucionar, así como de los gustos y carencias de los clientes que pretendes satisfacer. En esta parte es favorable que explores a fondo estas dificultades o necesidades, que declares el motivo por el cual inicias tu negocio y cuánto tiempo lleva en marcha.

Incluye los objetivos clave que esperas lograr y explica dónde entiendes que estará tu negocio dentro de un año. Esta es la oportunidad perfecta para ofrecer tu pronóstico de los ingresos, beneficios y pérdidas del negocio.

Recuerda que todos los datos deben estar en el plan. Este es tu resumen, algo parecido a los sumarios que se pueden encontrar en la contraportada de un libro.

Se directo, conciso, e inolvidable.

Te resultará más fácil redactarlo si lo dejas para el final, cuando tengas toda la información de tu plan de negocio ante ti.

Para resumir tu propuesta en una sola frase impactante: es importante tomar en cuenta el enfoque que ofrece Jeff Bloomfield en su libro *"Story Based Selling"*[8], en el cual afirma que las personas prefieren escuchar historias. Tu enunciado de resumen debe ser una expresión auténtica que sustente la narración de tu plan.

Tu Visión

Esta es la oportunidad para mostrar tu negocio al detalle. De dónde viene, en cuál punto se encuentra, y lo más importante, ***hacia dónde se dirige***.

Primero, explica el propósito detrás de tu idea. ¿A quién está dirigida? ¿Qué problema soluciona? Describe por qué es única en cuanto a posibilidades de venta, y por qué tus clientes potenciales apreciarían invertir en tu negocio. Haz un listado con 5 características clave que distinguen a tu idea del resto o las cosas por las que se destaca de la competencia.

Si está permitido, ofrece datos sobre cualquier derecho de propiedad intelectual, patente, o copyright que tengas (o que estés en proceso de obtener), o sobre cómo tienes pensado proteger tu idea.

Presenta el estado actual en el que te encuentras. Si estás listo para integrarte al mercado, o cuánto tiempo llevas en él, y qué intentas hacer en el futuro.

¿Tu producto puede crecer? ¿Existe espacio para el crecimiento? ¿Qué tipo de crecimiento se puede esperar?

Puede que los inversionistas quieran saber más sobre la historia de tu empresa: ¿Acabas de adquirirla y quieres relanzarla, o empiezas desde cero?

Subraya las medidas que vas a tomar para alcanzar las metas anuales que tengas previstas.

Piénsalo detenidamente: no te restrinjas, pero tampoco exageres lo que puedes llegar a conseguir. Si sigues el proceso SMART [9] [10] no te equivocarás. Aquí sus variables:

- **S**pecific (Específico)
- **M**easurable (Medible)
- **A**chievable (Realizable)
- **R**elevant (Relevante)
- **T**ime bound (Tiempo limitado/a tiempo)

Por último —y no menos importante— explica cómo está constituido tu negocio en el ámbito legal. Es decir, si eres un empresario individual, o si tu empresa es una Sociedad Limitada, etc. Si crees que en el futuro la situación podría cambiar, también debes explicarlo.

Mercado y marketing

En esta sección debes revelar cómo piensas promocionar tu negocio. Describe tu estrategia de marketing y los canales que vas a emplear para alcanzar a tus clientes potenciales.

¿En qué estado se encuentra el mercado? Necesitas un conocimiento minucioso de tu mercado, con todos los datos sobre su dimensión, sus tendencias, y la posición que vas a tomar. ¿De qué forma va a conectar tu producto en el mercado?

¿Existe espacio para un nicho de mercado[11], o está dominado por un gran número de compañías?

Tienes que saber al dedillo quiénes son tus clientes. Deja claro quiénes son y por qué va a atraerlos tu producto. Intenta dibujar un perfil de cliente con su género, edad, salario e intereses. Esto se define como ***buyer persona*** en las metodologías Inbound®[12] y Halfbound®.

El *buyer persona* es una representación semi-ficticia de un cliente ideal basado en estudios y datos reales sobre tus clientes existentes.

Las personas que compran suministran una combinación y una visión enormes para el negocio. Una descripción del comprador te ayudará a determinar dónde enfocar el tiempo, guiar el desarrollo del producto y permitir la alineación en todo el proyecto. Como resultado, podrá atraer a los visitantes digitales, clientes potenciales y clientes más valiosos para el negocio.

Asegúrate de incluir información sobre tu estrategia de venta. ¿Cómo pretendes atraer a más personas? ¿Tienes un plan de precios? ¿Cómo vas a vender, de puerta en puerta, por teléfono, en una tienda, o por internet?

Investiga a tu competencia e incluye toda la información que encuentres, sus debilidades y puntos fuertes, y cómo va a funcionar tu idea en comparación con ellos.

Operaciones

Tu plan debe concentrarse en manifestar en qué punto te encuentras, qué necesitas, cómo vas a gestionar el negocio, y cuáles son tus necesidades para funcionar en el día a día.

Ofrece información sobre tu ubicación y explica el motivo para elegir ese lugar en particular —si las ventas del emprendimiento requieren de un espacio físico. Si necesitas trasladarte, explica por qué—.

Incluye también los detalles financieros de tu establecimiento actual y de otras opciones potenciales. Este ejercicio te exigirá a pensar en el futuro y no exclusivamente en el presente.

Posteriormente, elabora un listado con los materiales, suministros o equipamiento que utilizas en la actualidad o que necesitarás en el futuro y explica de dónde los vas a obtener y para qué son necesarios.

También debes presentar datos sobre tus sistemas de control o gestión, incluyendo si necesitas algún tipo de licencia. Según un estudio realizado por el *Instituto de Industria de la Universidad Nacional de General Sarmiento*[13], los emprendimientos en la República Dominicana prácticamente no incluyen CTI[14] en sus proyectos.

Analiza el método que hayas elegido incluyendo sus puntos débiles y las posibles mejoras que se podrían llevar a cabo, destaca cualquier información relevante sobre ciber-seguridad.

Personal

Las personas invierten en personas: tu equipo y tú son una de las piezas más elementales del negocio.

Deja claro qué hace cada colaborador y promueve la credibilidad del equipo de gestión. Explica quién asume cada rol —esto es muy importante para evitar problemas en el futuro—, y por qué son las personas adecuadas para su papel.

Describe las habilidades de cada uno de los miembros del equipo y los éxitos en su haber, así como el motivo por el que consideras que estas habilidades y logros son relevantes para su puesto y para el negocio en general.

Es recomendable asegurarse de subcontratar profesionales que reúnan las habilidades necesarias y tengan experiencia en el teletrabajo, así como tus planes de contratación.

También debes incluir información acerca de tus contactos en otras compañías, especialmente si son relevantes para tu actividad y pueden ser de ayuda, ya que son piezas fundamentales.

Recuerda que estás construyendo un negocio. Por tanto, debes considerar profundizar en el manejo y conciencia de la inteligencia emocional para construir las habilidades que te ayuden a lidiar con el equipo.

Señala Daniel Goleman, en su libro "Inteligencia Emocional"[15], que los profesionales con altos grados en la *prueba de aptitud académica* (SAT en inglés), resultaron ser "tontos" en términos de manejo de emociones. Así que, si vas a buscar el mejor equipo, te recomiendo que conserves el más equilibrado.

Finanzas

No todo el mundo tiene "cabeza para los números". Pero, para llevar tu propio negocio, es esencial entenderlos.

Dentro de tu plan de negocio, las finanzas deben constar de varias partes: los gastos de administración diarios y las previsiones de ventas, beneficios, pérdidas y el flujo de caja.

La previsión debe cubrir al menos 3 años y un máximo de 5, mostrando cuándo crees que habrás amortizado la inversión y cuándo empezarás a obtener ganancias.

Es difícil tenerlo todo amarrado, pero es muy importante que tengas en cuenta todos los gastos, desde alquileres hasta facturas de gas, electricidad, agua e internet, salarios y suministros para los colaboradores.

Muestra tu flujo de ingresos (recuerda, sin ingresos no habrá ganancias), tus previsiones de ventas, beneficios y pérdidas. Solicita a tu contable que anticipe cuestiones financieras, especialmente si manejas algún material, producto o servicio en dólares que podría variar de precio, y elabora un plan de contingencia.

Intenta no inflar márgenes o mostrar cifras poco realistas: plantéate retos, pero *asegúrate de que puedes cumplirlos.* Como en todo examen de matemáticas, deja tus cuentas claras explicando cómo has llegado a esas previsiones. Por favor, evita las soluciones sin fundamento o "alternativas descabelladas".

Incluye cualquier préstamo que vayas a necesitar y cómo piensas conseguirlo. Si estás buscando inversionistas, subraya lo que ellos pueden ganar a cambio, la distribución actual de accionistas, y la justificación detrás de tus decisiones.

Redactando el plan

Es muy primordial que tu plan esté bien redactado. Pensar en todas las variables posibles es una tarea ardua, pero tus inversionistas se podrían echar atrás si no eres capaz de ofrecerles un documento bien redactado, sin faltas de ortografía, y revisado a conciencia.

De igual manera, tu plan no tiene por qué ser aburrido, tedioso o empalagoso. Intenta encontrar una armonía en tus ideas para que sea serio y explicativo, revelando a la vez tu personalidad y tu pasión.

No te enredes.

- Siempre que puedas, utiliza una palabra en lugar de tres.

- Evita el vocabulario técnico. Es importante que todo el mundo lo pueda entender. Por esto es fundamental establecer una historia que se vincule con el plan.

- A veces un mensaje se transmite mejor a través de gráficos y diagramas, en lugar de tablas llenas de números. Recuerda que estás haciendo un plan, no una publicación para Instagram.

- Incluye argumentos relevantes, breves y reveladores.

- El espacio en blanco es un buen amigo, equilibra su uso porque los textos densos son poco atractivos y difíciles de entender. Utiliza un formato homogéneo.

- ¿Recuerdas lo que te mencionamos sobre contratar independientes? Si no eres diseñador, permite a un profesional que seleccione la tipografía, paginación, títulos, espaciado, tu logo y marca.

- En último lugar, tienes que plantearte cómo vas a presentar el plan.

Según Victor Micu, quien es gestor de aceleración del *Nova School of Business & Economics*[16], "el protagonista de la presentación eres tú, no el PowerPoint®".

6. La relación con el banco

Para los "ciudadanos de a pie", el dinero puede ser la única cosa que se interponga en el camino para comenzar un nuevo negocio.

Si la captación de capital mediante *inversionistas ángeles*[17] y programas de incentivo del gobierno no te resultan, es muy probable que decidas acercarte a los bancos y solicitar un préstamo comercial. Un proceso que puede ser cuesta arriba, especialmente si nunca pusiste atención a tus finanzas personales.

Los bancos quieren prestar dinero a las empresas, es su negocio, pero solo a las mejores empresas. Te comparto algunas lecciones aprendidas y lo que nunca me dijeron cuando era más joven.

Antes de ir al banco

Busca las mejores ofertas

Investiga sobre las mejores ofertas que tienen los bancos con sus programas para emprendedores, herramientas como Rexi Finanzas®[18] de Argentarium®, pueden ayudarte a comparar productos financieros con gran facilidad.

Mantén tu plan de negocios a la mano

Si leíste el capítulo anterior, tu plan de negocio debe convencer tanto a un inversionista como al banco.

Documentos financieros

Las "cifras" son la parte más importante de la conversación. El banco probablemente lo rechazará si no considera que los números son lo suficientemente buenos.

Solicita a tu financiero (¿recuerdas que debes tener uno?) un paquete financiero, que incluya pronósticos de ganancias, un plan a 5 años, el ROI[19] esperado del préstamo, el estado financiero personal, las declaraciones de impuestos de 2 años para la compañía (y los socios) y un estado de ingresos del año actual.

Tu calificación crediticia

Algo que no te dicen es que tu negocio tiene un cordón umbilical con su fundador hasta que este logra separar al emprendedor del negocio. El banco verificará tu calificación crediticia a la hora de hablar de préstamos. Desde un préstamo personal hasta "la tarjeta"…

Es más difícil obtener un préstamo con una buena tasa si tienes una mala calificación crediticia. Si tus finanzas están saludables, el negocio lo estará también. El mal manejo financiero que tengas ahora te afectará cuando realmente decidas tomar las riendas de tu vida.

Enfoque en persona

Procura establecer una relación con el Oficial de Negocios que te asignen. Las relaciones hay que cultivarlas, aunque hayas sido referido "en paracaídas". Tu historia como emprendedor incluye muchos momentos donde tienes que invertir tiempo.

Sé realista

No sobrestimes tus conocimientos sobre finanzas. Si entiendes que tu financiero no puede dedicar tiempo para que aprendas, procura un curso de "Finanzas para Emprendedores". Instituciones como Edufinanzas®[20] tiene programas que te ayudarán a manejar las variables fundamentales e ir a la par con tu asesor financiero.

En el banco

Sé confiable

Cualquiera que vaya a prestarte dinero debe convencerse de que estás 110% comprometido con el negocio. Si no estás entusiasmado con tu negocio, el gerente del banco se dará cuenta de ello y es menos probable que apruebe tu solicitud.

Vende tu idea

¿Conoces el *elevator pitch*[21]? El termino no aplica por casualidad, sino por la necesidad de explicar a alguien de modo breve y conciso tu idea de negocio. Por eso asegúrate de que te encuentres confiado, informado y abierto.

Comprueba las letras pequeñas

Averigua todo lo que puedas sobre cargos y verifica el costo total del préstamo, incluidos los intereses, los cargos de desembolso y las multas por pagos atrasados. Compara estas cifras con tu financiero. Nunca asumas compromisos que no te convengan.

Lo que el banco querrá saber

Hay tres cosas clave que el banco preguntará:

- ¿Cuánto dinero necesitas?

- ¿En cuánto tiempo puedes pagarlo?

- ¿Puedes asegurar la deuda contra cualquier activo?

Estas preguntas determinarán si puedes obtener el préstamo y cuál será la tasa de interés. El banco también querrá saber sobre el equipo, el plan de 5 años y el modelo de negocio.

Paciencia e inteligencia

Si estás en el banco, debes procurar construir una relación a largo plazo. Menciónalo y confírmalo con tus acciones: activa más negocios, como cuentas comerciales, personales, servicios y nómina; remite al banco a otros negocios en el área, te aseguro que puede funcionar a tu favor.

Después

Frecuentemente cualquier decisión de crédito puede tomar de semanas a meses para conocer la decisión de un comité de crédito. Trabaja en los puntos débiles de tu negocio y evita llamar sin cesar al oficial.

¿Obtuviste el financiamiento?

Evita aceptar de inmediato, sin importar lo tentador que sea para ti. Puedes examinar y disputar constructivamente los términos que te han ofrecido, especialmente si tu financiero te confirma que pudieran ser más competitivos. Es parte de la dinámica de los negocios. Asume compromisos que te convengan.

¿Declinaron?

Muchos emprendimientos tienen "la soga al cuello", pero desafortunadamente pasa con frecuencia. No permitas que te desanime y —en cambio— trabaja más.

Revisa tu propuesta, descubre dónde está el punto de mejora, ajústalo y vuelve a aplicar. Pide ayuda a un mentor experimentado, para tener más confianza.

Garantizar el flujo de recursos en el negocio, permite al emprendedor concentrarse en construir un gran negocio y dedicarse a sus clientes.

Para vender más se necesita dinero también, por esta razón abordaremos las mejores formas de mercadear con bajo presupuesto.

7. Un negocio excepcional

Emprender siempre es bueno. Dar el salto para convertirse en propietario de un negocio que forjará lo que amas todos los días, ¡está aún mejor!

En la República Dominicana existen mas de un millón de pymes[22]. Dada la nueva realidad impulsada por el emprendimiento, el *Ministerio de Industria, Comercio y Mipymes* (MICM)[23] publicó una actualización legislativa de las pequeñas empresas amparada en la Ley No. 187-17:

- **Micro:** 1 a 10 empleados y ventas hasta 8 millones de pesos. Activos hasta 3 millones de pesos.

- **Pequeña:** 11 a 50 empleados y ventas desde 8 a 54 millones de pesos. Activos de 3 a 12 millones de pesos.

- **Mediana:** 50 a 150 empleados y ventas desde 54 hasta 202 millones de pesos. Activos de 12 a 40 millones de pesos.

Este contexto muestra que hay muchos pequeños negocios que competirán contigo todos los días. La escala de empresas te presenta también una realidad con la cual tendrás que lidiar.

Para destacarte entre más de un millón de negocios debes hacer más. Un negocio excepcional no es solo un negocio que factura bien, sino un concepto con el que se puede consumir, soñar, respirar y vivir con él.

Piensa en la persona más increíble que conoces. ¿Qué es lo que la hace diferente de otras personas en tu vida?

Quizás realiza un esfuerzo adicional, le apasiona lo que hace o logra todo lo que se propone. Hay muchas características que puedes mencionar aplicables a tu negocio.

A este punto necesitarás innovar. Según Larry Keely, autor del libro *"10 types of Innovation"*[24], el término innovar ha perdido su significado y se confunde comúnmente con el resultado de un proceso.

Innovar es la creación de una nueva oferta viable.

Innovar requiere que identifiques los problemas que realmente importan para abordarlos sistemáticamente, logrando proporcionar soluciones elegantes al mercado. Por tanto, debes pensar en cambiar tu enfoque:

1. Innovar no es inventar.

2. Las innovaciones deben generar ingresos.

3. Los cambios se producen paso a paso.

4. Piensa más allá de los productos.

Como proyecto o pyme, estás en la posición perfecta para crear un negocio extraordinario. Pero es un trabajo en equipo, ya que las organizaciones que trabajan con *innovadores solitarios* están destinadas al fracaso.

Reflexiones sobre innovación en el negocio

- Debes prestar atención a cómo generas los ingresos.

- Cómo te conectarás a una red de actores clave que se relacionan con el negocio para generar valor.

- Toma en cuenta la estructura que tienes disponible y que debes alcanzar para dar soporte a las ventas que estimas. Si evitas hacer esa previsión puedes "morir de fama"[25].

- A nivel de estructura, organiza, enfoca tus talentos y recursos antes que el negocio crezca.

- Combina tus mejores métodos de trabajo y procesos operativos para ser diferente.

- Desarrolla características y funcionalidades únicas de calidad en tus productos y servicios.

- Desarrolla un ecosistema: productos y servicios que se complementan sin fricción para el cliente.

- Brinda soporte en todo momento, esto incrementará el valor de tu oferta. Si alcanzas el autoservicio, mejor.

- Contempla desde el principio la *Omnicanalidad*[26] para la distribución de tu oferta.

- Presta atención a tu marca, cómo representas tu oferta y tu negocio será primordial para diferenciarte.

- Mantén una interacción constante con tus clientes. A diferencia del soporte, aprovecha cualquier oportunidad para generar relaciones a largo plazo.

Se necesita audacia para ser diferente

Los diez tipos de innovación te ayudan a generar una nueva oferta de valor.

Para lograrla necesitas confianza y moverte al siguiente nivel. Muchas organizaciones exitosas aplican múltiples puntos de innovación, otras apenas logran uno.

Se necesita un esfuerzo adicional

Si quieres que tu emprendimiento sea fabuloso, debes trabajar arduamente y desenvolverte del mismo modo. Comienza a hacer más de lo necesario y hazlo todo *de corazón*. ¿Cómo puedes hacer la vida más sencilla para tus clientes? ¿Puedes garantizar que tengan la mejor experiencia posible?

Así empezó Edison Santos con su proyecto Eco Mensajería®: ¡Procurando mejorar el mundo en cada entrega!

Cero excusas

La queja es el mayor enemigo de los emprendedores. Deja de lamentarse por qué no puedes hacer algo o por qué no lo hiciste. ¡Deja de quejarte, simplemente hazlo!

Una perspectiva negativa deteriorará la moral de todo un equipo. Por tanto, enfócate solo en lo que puedes hacer. Tal vez no haya posibilidades para vencer a una empresa multinacional, pero tú puedes ser mejor que ellos a nivel local.

Supercarros.com® se vio amenazado por la multinacional Schibsted® (propietaria de Corotos®). Luego de tres años, el portal continúa creciendo y batallando en la industria de clasificados.

¡Aprende a decir no!

Si algo amenaza con comprometer la autenticidad, los valores o el carácter de tu negocio, di no. Evita ser engañado por los manipuladores que buscan una respuesta afirmativa.

La construcción de la credibilidad comienza cuando tus acciones son consistentes a través del tiempo. Tu reputación crece cuando eres consistente. ¡Es fácil decirlo en retrospectiva!

No te conformes

Observa a la mayoría de las empresas que pierden su posición en el mercado. De seguro se conformaron con lo que habían logrado. Cuando dejas de añadir elementos nuevos al negocio, te quedas estático, convirtiéndote en un blanco fácil para tus competidores.

Empresas globales como Glovo® y Uber Eats® se dieron cuenta del letargo de los servicios de delivery en la ciudad de Santo Domingo, pese a que existían algunos competidores locales. Sólo activar sus operaciones en la ciudad les garantizó capitalizar el segmento de entregas de comida rápida.

No renuncies

Evita tirar la toalla cuando las cosas se pongan difíciles. Aunque no te quejes, es común que los emprendedores no terminen sus proyectos cuando enfrentan barreras mayores que ellos.

Con la llegada de Corotos® al mercado dominicano, los dueños de páginas de clasificados locales entendieron la importancia del *Search Engine Optimization (SEO)*.[27] Sitios como La Pulga®, en vez de ver su cuota de visibilidad desaparecer, ejecutaron pasos para mantenerse en pie, actualizando su diseño, optimizando su posicionamiento y mejorando la experiencia para sus usuarios.

Historias en vez de "sonido"

Asegúrate de que las historias que circulan alrededor de tu negocio sean positivas. Procura que se mencione el excelente servicio al cliente, lo útil que es la aplicación móvil o sus diseños innovadores. La gente siempre contará historias, y es un factor principal cuando se trata de construir un negocio.

Es muy común ver a emprendedores aprovechando las redes sociales para generar escándalos a fin de posteriormente promocionar sus productos o servicios. Eso es efectivo en el corto plazo, pero recuerda: ***morimos dos veces.***

Considera el riesgo

De la misma manera, advertimos que no es bueno jugar a lo seguro. Si quieres un negocio excepcional y reconocido, debes tomar riesgos. Es demasiado fácil permanecer en la zona de confort, pero a menudo las mejores estrategias e ideas surgen cuando experimentas nuevos escenarios.

Cuando iniciamos el Martes Tecnológico® en el Matutino de Teo Veras[†] en La 91FM, el riesgo de hacer la transición a la radio y la inversión de tiempo fue minimizada por la recomendación de Don Teo: ***"ven, presenta tus ideas; tus clientes potenciales y el mercado te escucharán. Verás que te ayudará con tu negocio".*** En los últimos cuatro años, esa afirmación ha sido consistente, siendo el segmento en la radio parte importante de nuestra estrategia de comunicación.

Elige bien a tu equipo

Tu negocio es mucho más que logotipos, inventario y puestos de trabajo. Descubre personas con ideas similares que sean apasionadas, que tengan los mismos principios y deseen el éxito del emprendimiento.

Si logras que la gente en el proyecto pueda vivir, respirar, comer, dormir, y viajar con la idea, verás que harán una gran diferencia.

Hace muchos años apoyamos al equipo emprendedor de Get2Want,[28] una idea interesante que necesitaba apoyo para acelerar su proyecto y generar ventas. Lamentablemente una discusión filosofal sobre la selección de una base de datos ideal desbandó a los miembros de un equipo con gran potencial.

Toma en cuenta tu voz y personalidad

Si quieres que el mercado te conozca, debes iniciar la conversación. Crea un blog y expresa los principios de tu marca y los enfoques más interesantes de tu visión de negocio.

Recuerda que una historia interesante puede mantener a un público conectado con el narrador por más tiempo de lo que imaginas.

Toma en cuenta que, como emprendedor, eres la cara del emprendimiento. Tu voz y personalidad estarán íntegramente atados al proyecto. Si comprendes esto, buscarás la manera de asegurarte que todos los demás conozcan lo que haces. Cuando superas los misterios del marketing y el mundo de las redes sociales con un presupuesto ajustado, notarás que todo es más fácil.

8. ¿Cómo promocionar tu negocio con poco presupuesto?

Las tácticas de marketing que adoptes para tu negocio pueden ser determinantes en muchos aspectos, desde cómo se distingue tu marca hasta los clientes a los que alcanzas y, en definitiva, tu éxito. Si no eres capaz de conseguir clientes, probablemente tu negocio no tendrá mucho futuro.

Las ventas curan todo, según Marc Cuban, famoso inversionista y estrella en el programa Shark Tank®: ***"Nunca ha ocurrido que un negocio haya tenido éxito sin ventas"***.[29]

Los emprendedores a menudo piensan que necesitan un plan de negocios o la infraestructura para respaldar a un negocio en crecimiento, pero en realidad necesitan ventas.

Sin embargo, promocionar tu negocio puede salirte bastante caro. No tienes más que encender la televisión para comprobar hasta donde están dispuestas a llegar las empresas con tal de promocionar su marca. Si acabas de arrancar tu negocio, gastar en exceso no es precisamente la mejor idea.

Una estrategia de marketing debe incluirlo todo, desde la marca y el argumento de venta clave hasta tu historia: si te ciñes a tus valores e ideas es difícil que te equivoques. Absolutamente todo, desde vallas hasta la sección acerca del negocio de la página web, pueden ayudarte a comunicar quién eres y a contar tu historia.

La fórmula para una promoción de bajo presupuesto tiene que ver con el tiempo: ***más esfuerzo = menos dinero***.

Crea contenidos interesantes

Un blog interesante y bien escrito puede atraer a la gente a tu página de manera regular y es una forma estupenda para dar a conocer a tus clientes tu negocio.

También puedes hacer una selección de otros blogs de tu industria en los que crees que podrías colaborar con tu propio contenido y preguntarles si puedes escribir algunos artículos para ellos.

Cuanto mayor sea tu variedad de plataformas más posibilidades tienes de conseguir una base sólida de seguidores y de convertirte en una voz de prestigio en tu comunidad.

Mentalízate para tener una respuesta ante todo tipo de comentarios, en lugar de limitarte a promocionar tu negocio: ofrece a tus clientes una lectura interesante y volverán por más. Recuerda que no eres una *"guagua anunciadora"*[30].

Si tienes tiempo, puedes crear tu propio libro electrónico. Evita hacerte ilusiones: no te convertirás en millonario con sus ventas, pero puede funcionar perfectamente para que tus clientes te comuniquen sus ganas de saber más.

Tu objetivo será el capturar su dirección de e-mail: a todos les gusta la información gratuita, y si sabes que hay gente interesada en tus contenidos que además te comparte su e-mail, puedes mantener un contacto para construir poco a poco una relación a largo plazo con ellos.

Comparte sobre lo que sabes realmente, te agradecerán que compartas tus conocimientos.

Interactúa con tus clientes

Si tienes un listado de clientes a mano, mantén una comunicación con ellos. Involúcralos en la evolución de tu proyecto o negocio, invítalos a visitar tu página web para analizar casos particulares: describe cómo has ayudado a un cliente y explica lo satisfecho que ha quedado con el resultado.

Recuerda que los clientes están atentos dónde invierten su dinero. Por tanto, si valoran lo que haces, se sentirán orgullosos de tus avances y celebrarán tus logros. Ten en cuenta que normalmente es más fácil mantener un cliente que intentar captar a uno nuevo, así que no cometas la novatada de descuidar a tus clientes más fieles en búsqueda de nuevos.

Aprovecha el poder del boca a boca

Nada tiene tanta fuerza como el poder de recomendación de un amigo de confianza, así que puedes utilizar este canal en tu beneficio. Si consigues que tus clientes queden siempre satisfechos con tu servicio o con tus productos, tendrás una base de clientes felices y fieles que estarán encantados de recomendarte.

Si algo sale mal, actúa con rapidez y honestidad. Muestra tu cara —evita resolver el asunto vía e-mail— y plantéate dar la milla extra para solucionar cualquier error.

Posiciona tu marca a través de tu página web

Asegúrate de que tu página aparezca en una buena posición en Google®, optimizándola para los motores de búsqueda (en el capítulo 10 abordaremos este punto a mayor profundidad).

Procura alimentar una página web y un blog con un contenido conectado estratégicamente a tu plan de negocio. Esto te ayudará a construir una huella digital en Internet y ahorrar dinero a mediano plazo.

Conecta con personas influyentes

¿Recuerdas las dos personas que deben acompañarte en todo momento? ¿El abogado y el financiero? Pues ahora añadimos una más: *¡el influencer!* Una persona influyente puede ser desde un periodista del periódico local, el editor del blog más destacado de tu industria hasta un talento de radio y televisión que utilice intensamente las redes sociales. Si puedes cabildear la atención de un par de nombres de peso, descubrirás que los resultados valdrán más la pena que si intentas establecer contacto con miles de individuos. Toma en cuenta que este es un componente de la estrategia y no la estrategia definitiva de tu negocio.

Activa tus redes sociales

Ya que puedes lograr atención digital a través de algunos *influencers*, aprovecha y mantén una actividad regular en las redes sociales del negocio, pero **¡ten cuidado con lo que publicas!** Conociendo que cada red social no funciona igual para todo tipo de negocio, evita saturar a los usuarios con ofertas.

Concéntrate en tácticas donde apliques la geolocalización enfocada en los lugares en que tus clientes se reúnen y están más activos. Haz pruebas en plataformas de anuncios. Obtener audiencias objetivo no es tan caro después de todo. Extiende tu presupuesto enfocándote en tus nichos y *buyer persona*.

Actúa a nivel local

Colabora en proyectos locales en los que puedas aportar algo, porque es una forma fantástica de dar a conocer tu negocio.

Evita ser una marca totalmente digital. Puedes patrocinar a un equipo deportivo, una obra de teatro, un grupo cultural, donar materiales para fines escolares, o ayudar a reunir fondos u organizar eventos para organizaciones locales sin fines de lucro. Pero recuerda, estas actividades no deben girar en torno a tu negocio: si vas a apoyar una causa, hazlo porque de verdad te importa y tienes un interés genuino en que *eche pa' lante*.

Evita los concursos

Si ofreces premios en tu página web o a través de tus redes sociales, puedes atraer una gran cantidad de tráfico online muy distinto de tu público objetivo. No hace falta que ofrezcas regalos: una mejor opción es dar premios pequeños espontáneos a clientes y gente relacionada a su círculo, aprovecha tu base de datos para crear comunicación boca a boca.

Ofrece descuentos y tarjetas de fidelidad

Si tienes una tienda, algo tan sencillo como una tarjeta de fidelidad puede funcionarte fenomenalmente. A todos nos gustan las cosas gratis, y es un gran estímulo para que tus clientes sigan solicitando tus servicios. El problema con las tarjetas de fidelidad —en mi experiencia trabajando con múltiples tiendas al detalle a nivel nacional— es que el mismo negocio deja de proporcionar el estímulo adecuado.

Eso significa que si no tienes recursos o presupuesto para soportar un programa de fidelidad, es mejor que te concentres en solidificar valores clave como la calidad, el servicio y la innovación. Evita seguir a los grandes, mejor piensa e innova.

Redacta comunicados de prensa

No hace falta ser un genio en las relaciones públicas para escribir un buen comunicado de prensa. Siempre que lances un producto nuevo, hagas un cambio importante, o realices una nueva actividad, intenta redactar un comunicado de prensa y envíalo a las páginas, revistas y periódicos pertinentes, así como a la prensa local. Para ponerte las cosas más fáciles, puedes crear un kit de prensa y colocarlo en tu página web para asegurarte de este modo no solo que todas las fuentes reciben la misma información, sino también la información que quieres compartir acerca de tu negocio. Evidentemente, cuando crezcas necesitarás la ayuda de un profesional del área.

Contabiliza cada interacción con tus clientes

Antes de que existiesen los sistemas CRM[31] para conocer el comportamiento omnicanal de los clientes, muchos negocios todavía aplican una tarjeta de visita en cartón donde el negocio contabilizan la fecha y hora de visita al establecimiento. En la era digital el conocimiento de cada interacción del cliente es fundamental para conocer sus patrones de conducta e identificar oportunidades. Cada usuario en Internet genera una huella digital[32][33] la cual podemos utilizar para conocer algunos datos que pueden proporcionarnos más información sobre nuestros clientes.

Participa de forma activa

Si tienes acceso a medios de comunicación, intenta producir contenidos que expongan un lado diferente tanto tuyo como del negocio que tus clientes actuales y potenciales valoren. Si no tienes esa posibilidad, prueba creando podcasts que puedes subir a Spotify® y vídeos para YouTube®.

Invierte en un teléfono (smartphone) que pueda hacer grabaciones de video decentes. Existen montones de programas de edición online gratuitos con los que puedes darles un toque más profesional a tus videos. Descarga, prueba y experimenta. Realiza tu mezcla y procura no invertir como si fueras una productora de Hollywood, sino en mantener una calidad decente.

Ofrece a tus clientes contenidos diferentes e interesantes de forma gratuita y habrá más posibilidades de que quieran recurrir a tus servicios. Trata de solucionar problemáticas en cada entrega, también consulta con tus clientes y evalúa tu nivel de calidad.

La vida da muchas vueltas. Cuando haces tu estrategia de contenidos de video con un enfoque claro y consigues ser relevante en medios digitales, tarde o temprano los medios tradicionales difundirán tu material. Solo necesitas tiempo, mucha paciencia y creatividad.

9. ¡Bloguear o morir!

La gente ama a la gente. La gente compra de la gente. A la gente le encantan las historias inspiradoras y los consejos comprensibles y probados. Un blog es una forma de mostrar tu personalidad en línea, cuando quizás no tengas otra forma de llegar a tus clientes.

Cuando iniciamos nuestro blog en 2003, ya conocíamos sobre la ola de blogueros que lograban notoriedad en los Estados Unidos y Europa. En nuestro país apenas había unos 300 mil usuarios[34] en Internet. A través del tiempo aprendimos que el blog era un espacio importante para mostrar a nuestros clientes las ideas y conceptos que debían aplicar en sus negocios.

En aquella época algunos colegas nos indicaban que *no era bueno* hablar de sí mismo en el blog. Dieciséis años después afirmamos que construir tu marca personal a través del blog —paralela al emprendimiento— tiene sus beneficios.

Ahora conocerás la importancia de los blogs, y cómo beneficia a tu negocio, así como las cosas que no debes hacer, y los problemas que podrías tener antes de comenzar.

¿Por qué deberías bloguear?

Por encima de todo, los blogs pueden ser muy divertidos o reveladores: es tu plataforma para producir contenido de calidad que la gente disfrutará, conservará o compartirá. Y, si lo haces bien, ayudará a muchas personas al mismo tiempo.

Si tu negocio no opera en un espacio típicamente creativo o "divertido", esta es tu coyuntura para mostrar ese lado jovial; uno que la gente no asocia instantáneamente con tu industria. Mostrar una ventaja como esta podría inmediatamente distinguirte de la competencia.

Si emprendes un negocio relativo a la creatividad, abre tu mundo a los clientes: muéstrales lo que te inspira, lo que te llevó hasta este punto y eso, a su vez, podría inspirar a una nueva generación de emprendedores.

Un blog puede ser el destino perfecto para todo en tus cuentas de redes sociales: 280 caracteres es poco cuando tienes mucho que decir, por lo que vincular un contenido al blog puede ayudarlo a contar algo más elocuente, así como permites a tu comunidad unirse con sus comentarios.

Esta es también tu oportunidad para establecerte como un experto en tu industria: puedes convertirte en una voz con autoridad, ayuda e inspiración. Cuanto más acumulas esta reputación, más se refleja en tu negocio. Si puedes ayudar a la gente, ya sea animándolos, ofreciéndoles consejos prácticos o brindándoles algo interesante y entretenido para leer, estarás haciendo mucho más por la reputación de tu negocio que repartir folletos impresos o poner anuncios en todo el Internet.

Es bueno decir que publicar *memes* y escribir comentarios como los *fashionistas* en las redes es divertido, pero tienes que atender a principios prácticos para aprovechar tu tiempo. Un blog puede hacer maravillas para tu negocio, especialmente ahora: la gente tiene más conciencia —en especial la *Generación Z*—, quiere leer el contenido, saber a quién le está comprando y sobre todo confirmar que no es a una fábrica sin rostro o una marca sin esencia que está persiguiendo un margen de ganancia.

¿Por qué un blog es bueno para tu negocio?

Un blog bien escrito y bien cuidado muestra a los clientes que se puede confiar en tu negocio: que son personas reales, con conocimientos reales, historias reales, opiniones reales y soluciones reales que no se está escondiendo detrás de las líneas de servicio al cliente, y una gran cantidad de promesas vacías que se pueden publicar en un sitio web.

Cuanta más confianza tenga un cliente sobre lo que estás diciendo, más confianza tendrá en lo que estás proveyendo: tu empresa se vuelve auténtica.

Los blogs te dan la oportunidad de establecer un tipo de relación diferente con tus clientes. Logran seguir tu progreso, desde el inicio en la habitación de tu casa hasta la apertura de tu primera oficina, y a su vez, puedes escuchar lo que tienen que decir.

Podrás involucrarte con los clientes en un nivel completamente nuevo: tener conversaciones, escuchar sus comentarios y, en última instancia, construir una comunidad alrededor de tu negocio.

Algunos preguntarán: ¿Pero eso que indicas no puedo hacerlo en las redes sociales? En primer lugar, la diferencia entre tu blog y las redes es que el blog es tuyo y las redes son usuarios cedidos por estas corporaciones.

En una estrategia de marketing, los blogs son una excelente manera de generar visibilidad sobre lo que haces, así como una plataforma para cualquier comunicado de prensa: es tu oportunidad de tener una presencia fuerte en línea, atrayendo atención hacia todas las cosas brillantes que haces. Puedes configurar un blog de forma gratuita, pero preferimos recomendar que lo configures como parte de tu página web en una herramienta de código abierto como Wordpress® [35].

Contribuye con tráfico a tu sitio web y si sigues nuestro consejo, al estar en la misma plataforma, podrás contextualizar el contenido para relacionar las notas con enlaces internos a tus productos y servicios. De igual forma, puede ser una gran manera de reforzar la marca del negocio y sus valores, de una forma en la que puedes mostrar lo que quieres decir, en lugar de solo explicar las ideas a la gente.

Los blogs son geniales, pero debes dedicarle tiempo. Razón por la cual hemos resumido algunas de las cosas más importantes que debes tener en cuenta antes de comenzar.

Lo que debes hacer

- Usar tu propia voz, que esté en línea con tu marca.

- Sé abierto y honesto, mostrando tu personalidad.

- Crea tu propio contenido. Puedes subcontratar un redactor.

- Alterna tu contenido entre videos, imágenes y artículos.

- Sé conversador y habla con tus clientes.

- Conecta el blog a tus sitios de redes sociales.

- Participa en la comunidad de blogs: comenta en otros blogs, encuentra personas similares, y participa en eventos.

- Actualiza regularmente y de forma rutinaria.

- Reúne recursos útiles para tus lectores.

- Conviértete en una fuente de ayuda: ofrece información y consejos prácticos.

- Escribe para otros blogs y medios de comunicación escrita: difunde tu contenido y amplía tu autoridad.

- Tus colaboradores deben escribir permitiendo a los lectores tener una idea de todo el negocio.

Lo que no debes hacer

- ¡Promocionar tu negocio todo el tiempo!

- Contratar a un redactor que no entienda tu tono y estilo y al que no le importe tu negocio.

- Copiar el contenido publicado en otros sitios.

- Escribir mal: si no eres un escritor natural, hay muchos sitios y profesionales que pueden ayudarte.

- Olvidarte de tu audiencia y clientes: no escribas para ti mismo, piensa en lo que interesará a los demás.

- Perder el enfoque: es bueno tener una variedad de publicaciones, pero los lectores deben saber qué esperar. ¡Elige un tema y apégate a él!

- Olvidarte del estilo y el diseño: debes tener un diseño original que se vea tuyo, y alineado con el diseño de tu sitio web.

- Utilizar el contenido para la venta.

- ¡Publicar sin corregir, releer y editar!

- Insultar abiertamente a personas o competidores: ¡debes tener cuidado! Recuerda que demasiado al Norte es el Sur. No solo es poco profesional, sino que también puede ser considerado como difamación.

- Crear controversia negativa: a menos que manejes un negocio que se relacione con temas políticos o religiosos, mantente alejado de temas controvertidos. Si aún pretendes abordarlos, te recomiendo configurar un blog personal para dichos fines.

© Arturo López Valerio.

10. El posicionamiento online es crucial

Existe una dicotomía compleja entre la web y las redes sociales, en donde la última ha ganado el corazón de los pequeños negocios en los últimos 10 años. Esta victoria luce efímera cuando los negocios se vuelven más complejos y se encuentran cara a cara con la realidad: las personas no se interesan en nuestros productos en las redes, sino que vivimos buscando fórmulas para capturar su atención.

Durante el ejercicio en acciones de marketing digital en los últimos 5 años, hemos observado el descenso de la efectividad de la comunicación de marketing en las redes sociales. Las empresas apenas pueden alcanzar al 10% de su audiencia y para alcanzar a un número mayor, tienen que realizar campañas de pago.

Como hay poco presupuesto, debemos encontrar prospectos que estén realmente interesados en qué ofrecemos y recordamos que el único lugar donde podemos conocer el interés de un usuario es el buscador. Por más que intentamos ignorarlo… ¡Google® siempre ha estado presente!

Lograr posicionarte en los primeros resultados de búsqueda es una tarea a la cual debes dedicar tiempo. Por esta razón el capítulo anterior estuvo focalizado en la vía más simple: iniciar un blog. Pero ahora tu negocio necesitará una descripción detallada sobre tus productos más allá de la parte emocional y experiencial[36] que puede proyectar un blog.

Tener alguien en tu equipo que conozca sobre *Search Engine Optimization* (SEO) −aparte de ti− puede ayudarte a reducir gastos en el negocio. El costo en SEO para una marca en la República

Dominicana se estima en un millón de pesos al año, esto debido a que existen pocos especialistas en el mercado.

Esta es una debilidad local porque todos los actores de la economía naranja[37] [38] se han esforzado en aprender la parte sencilla del marketing digital: ***vender anuncios***. La otra cara del marketing digital es la relacionada a los resultados, la conversión y las ventas online (tema que abordaremos en el próximo capítulo).

El SEO te permite *estar* donde *están* tus clientes

Aparte de las fórmulas tradicionales de marketing, como la publicidad impresa, la televisión, la radio, añadimos a las redes sociales dentro del *ruido blanco* de la comunicación de hoy. El consumidor está evitando dicho ruido volviendo la mirada a Google®: el buscador les permite encontrar lo que están buscando en un instante.

Es natural que las personas utilicen a Google® como punto de partida para la investigación de productos.

Imagina que necesitas comprar un generador o *planta eléctrica*. ¿Dónde la buscarías? Por supuesto, en las páginas de resultados de búsqueda de Google®, ¡¿dónde más?! El Internet ha cambiado el comportamiento de las personas y ha dado vuelta a los modelos de negocio, ahora es más probable que la gente visite tu sitio web en lugar de la tienda física.

Tu principal responsabilidad como propietario del negocio es estar donde están tus clientes: en Google®. Más que eso, debes estar visible, para que tu sitio se "encuentre" en la parte superior de la primera página de resultados de búsqueda.

Por lo tanto, ignorar el SEO en 2019 es casi el equivalente a negar que *la tierra es redonda*.

Pon atención a los resultados orgánicos

El cuarenta por ciento del tráfico de la mayoría de las páginas web en la actualidad proviene de los resultados de búsqueda no pagados[39] o mejor conocidos como resultados orgánicos. La explicación es bastante simple: si tu sitio es recomendado por el buscador, lo más probable es que el cliente potencial lo visite. Y mientras más gente visite tu sitio web, más conversiones podrá generar y, por lo tanto, tendrá un mayor impacto en los ingresos del negocio.

Según una investigación realizada por Forrester®, el 49 por ciento de los consumidores encuestados confían en los resultados orgánicos mientras toman sus decisiones de compra, y el 19 admite que los motores de búsqueda son los que mas influyen en su decisión final[40]. Además de eso, el 58 por ciento del tiempo de búsqueda conlleva a una decisión de compra.

Si haces bien tu tarea con el SEO, los resultados orgánicos pueden ser la mayor fuente de tráfico de tu sitio web.

Ahorra dinero con el SEO

Llegará un momento que vas a querer tener resultados más rápidos, por lo que tendrás que pagar por resultados de búsqueda (*Search Engine Marketing* o SEM). Estos son los anuncios que se encuentran por encima de los resultados orgánicos en el buscador. Esta ha sido la alternativa de muchos propietarios de negocios ante el "costo" y esfuerzo que requiere el SEO. Ten cuidado en optar por el SEM, pensando que les costará menos y que brindará resultados inmediatos.

La verdad es que tanto el SEO como el SEM te costarán dinero. Entiéndase que el SEO tiene un valor a largo plazo, mientras que el SEM solo tiene un efecto inmediato: siempre y cuando pagues, tu negocio estará en los resultados de búsqueda.

Antes de decidirte a invertir en un anuncio pagado, debes hacer una búsqueda adecuada de palabras clave y calcular cuánto te costará. Puedes hacerlo con la ayuda del planificador de palabras clave de AdWords® de Google® o en una herramienta de gestión de SEO como Moz.com.

Recuerda, las campañas de SEM se pagan en dólares y si alguien te suple el servicio en moneda local, siempre incluirá una comisión. La cantidad de dinero a invertir en una promoción está determinada por el precio de cada término o palabra clave. Piensa que tu campaña busca posicionar unos 20 términos... Recomiendo que participes en búsquedas que tengan poca densidad.

Sin embargo, también es justo decir que el SEM es un complemento para el SEO, especialmente para la promoción y venta de productos a corto plazo.

Cuenta bien las historias

Debemos relatar muy bien el contenido relacionado con el concepto de la búsqueda que atrae al usuario. Trata de ser lo más detallista posible, y así hacerte entender mejor.

Para alcanzar tus objetivos en el SEO debes escribir para tus usuarios y también para el buscador. Puede resultar extraño, pero es una combinación entre arte y ciencia.

Para lograr esto, mapea todas las palabras que se relacionen con el tema que has escogido, piensa en el contexto, conocimiento sobre tu negocio, tendencias (para esto visita Google® Trends), eventos, noticias y otros temas que alimenten el corazón del contenido que pretendemos crear.

Luego necesitas priorizar, lo que te llevará a considerar las palabras clave que sí se relacionan con el tema y las que tal vez no deberías tener en cuenta.

Identifica las temáticas de las que quieres hablar. Puede llevarte a diferentes categorías que podrían resultar en otros contenidos mucho más específicos que puedes utilizar en otra ocasión. El abanico de posibilidades es infinito, por eso es importante tener claro el tema del que vas a hablar y ser lo más específico que puedas, te ayudará a posicionar mejor tu negocio.

11. Vendiendo en línea

Según David Boronat, autor del libro "Vender más en Internet", siempre nos enfocamos demasiado tiempo en atraer a los usuarios y dedicamos poco tiempo a convencerlos de que se conviertan en nuestros clientes[41]. Nos afanamos en aumentar nuestras analíticas que en mejorar la calidad de los visitantes a nuestros sitios web, descuidando las tasas de conversión[42].

Sería muy cómodo escoger el camino fácil y darte una enorme lista de plataformas que podrías empezar a probar... pero, sinceramente, eso no te será de mucha ayuda: cada negocio tiene sus propios requisitos y necesidades.

Aparte de esto, el contexto tecnológico está cambiando tan rápido[43] que es conveniente la investigación de las plataformas cuando realmente vayas a empezar esa parte, salvo que tu emprendimiento sea una plataforma tecnológica.

Desafortunadamente, en materia de comercio electrónico no existe una solución única. Si tienes una idea precisa de lo que necesitas tendrás el camino más fácil a la hora de ponerte a buscar. Por eso, compartiré algunas reflexiones para que te resulte más sencillo tomar una decisión.

¿Recuerdas a la cajera del supermercado? Su negocio necesita una tienda en línea. Veamos qué debe hacer para arrancar.

Cuando emprendes se trata de tus necesidades

Antes de *sumergirte en las aguas digitales* de las plataformas de *eCommerce* hay un montón de detalles que debes tomar en cuenta. Haz una lista de lo que realmente necesita el proyecto.

Enfoca tu búsqueda únicamente en plataformas convenientes, en lugar de perderte en el mar de opciones disponibles.

¿Necesitas una tienda o una página?

Debes plantearte si quieres crear tu tienda en una plataforma de venta online, como Shopify® [44], tener tu propia página en Wordpress® o una plataforma como Magento® [45].

¿Recuerdas cuando mencioné los 10 tipos de innovación? Pues, la respuesta debe estar basada en el tipo de productos que vas a ofrecer y dónde necesitas la tecnología en ese momento (para vender, operar, gestionar, etc.), así como también el presupuesto que dispones y lo que esperas vender.

Si no eres hábil con la tecnología, probablemente te sea más fácil recurrir a herramientas con una amplia variedad de plantillas pre-diseñadas y opciones de personalización sencillas, especialmente si quieres evitar las complicaciones que supone contratar a un programador para que te ayude.

Si sabes lo que estás haciendo, tendrás una diversidad de opciones más amplia, en particular en lo que se refiere a personalización. Sin embargo, no debes plantearte un reto demasiado complejo: ***tu tienda en línea debería reportarte beneficios en lugar de ocupar todo tu tiempo.***

Piensa en los impuestos

Pese a trabajar con muchas plataformas estadounidenses tendrás las complicaciones que conlleva cumplir con el *Impuesto sobre Transferencia de Bienes Industrializados y Servicios* (ITBIS) y otros impuestos, así que debes informarte sobre cómo funciona antes de empezar a vender. Las plataformas de procesamiento de pagos en línea de Azul® y Cardnet® tienen módulos que reflejan los impuestos locales, punto que puede funcionar a tu favor.

¿Tienes mucho inventario?

Dime tu tipo de producto y te diré que tienda debes tener. Es un factor de una gran importancia a la hora de elegir la plataforma que mejor se adapte a ti. Si tienes que actualizar tu lista de productos con frecuencia, es vital que encuentres una solución que permita importar datos fácilmente, mientras que, si tus productos rara vez varían, tendrás suficiente con una plataforma más sencilla.

¿Tu negocio es una tienda?

Si ya cuentas con una tienda física, plantea la tienda en línea como si fuera otra fuente de ingresos. Establece la media de conversiones o participación de ventas que esperas conseguir, dedica el tiempo y recursos adecuados para empujar los objetivos en tu tienda en línea. He visto a través de los años a grandes tiendas minoristas fracasar en esta simple diferencia.

Revisa tu presupuesto

Si de verdad no dispones de recursos, puede que tu mejor opción sea recurrir a páginas como La Pulga®, Corotos® y eMarket®, siempre que se adapten a tu producto. Sin embargo, si tu presupuesto es holgado, puedes permitirte contratar a un equipo de diseñadores web y crear tu página desde cero, recordando que no programarás un nuevo Facebook®, sino un proceso de negocio que debe generar ingresos.

Toma en cuenta la adopción de la plataforma

En el fondo todos quieren que su página tenga un aspecto único y representativo de su marca, pero tienes que ser realista: tus clientes tendrán una mejor experiencia si eliges una plataforma ampliamente utilizada y probada por otros negocios de tu categoría. Evita perder la dimensión de tu negocio, recuerda la clasificación de empresas del MICM a la hora de comparar.

Si tus clientes ya conocen el funcionamiento de la página es más fácil que confíen en ella y que no abandonen el carrito o la página de pago en el último momento. Evita que tu programador intente inventar la rueda de nuevo.

Tu negocio necesita ventas.

Funcionalidades que no debes olvidar

Para vender mejor tus productos existen características que debes encontrar en la solución de eCommerce que elijas.

Emails automáticos

La mayoría de las plataformas cuentan con esta característica, pero debes enfocarte en la relación con tus clientes. Conecta la plataforma a una herramienta de envíos de correo como Mailchimp® o EmBlue®, creando mensajes para todo el recorrido del cliente. Evita hacer spamming.

Preferencias de envío

Define las opciones de envío que se adapten mejor a tu negocio y a tus clientes, y concéntrate en encontrar el método más adecuado para tus clientes. Acércate a empresas como DOMEX® las cuales tienen opciones de entrega en todo el país para emprendedores.

Personalización y medición

Muchas soluciones de eCommerce tienen opciones para elegir a la hora de personalizarlas. Comprueba si puedes personalizar sus plantillas y si se puede reescribir su código HTML. Cuanto más fácil sea personalizarlas, mejor. Ten en cuenta que el objetivo principal es ofrecer una página fácil de navegar y mejorar todo lo posible la experiencia del usuario.

Recuerda que es mejor apelar al SEO, por tanto, algunas soluciones de eCommerce incluyen su propia variedad de trucos para este fin y te permiten instalar un código de Google® Analytics®, herramienta gratuita de Google® que te permitirá analizar el comportamiento de los usuarios en tu página y su relación con los motores de búsqueda.

Idioma

Hace algunos años encontrar plataformas en español era un problema. Ahora se puede personalizar el idioma, los métodos de envío y la moneda de acuerdo con el país donde se encuentre tu público objetivo.

Compatibilidad con móviles

Más del cincuenta por ciento de los usuarios de Internet en la República Dominicana navegan con un dispositivo móvil. Es esencial que tu plataforma pueda ser amigable a móviles y tabletas.

Administración de datos

Ya sean listas de inventario o datos de clientes, debes encontrar la forma más efectiva de manejar toda la información del negocio. Si te va bien, verás cómo los datos aumentan cada día. Prepárate para el crecimiento y planifica utilizar un CRM y otros sistemas de gestión –como un ERP[46]– para asegurarte de ofrecer el mismo nivel de servicio al cliente en todo tu negocio, desde tu tienda hasta tu página web.

© Arturo López Valerio.

12. El toque humano

Alguna vez hemos tenido una mala experiencia con alguna marca: nos han ignorado en una tienda, hemos sufrido intentando navegar por una página web mal diseñada, nos han tratado mal por teléfono, o escribimos directamente y no nos han hecho ningún caso. Lo que todas estas experiencias tienen en común es que *el cliente nunca las va a olvidar.*

Diseñar un buen modelo de atención al cliente debe ser una prioridad y el mismo debe extenderse a todos los aspectos de tu negocio: desde tus redes sociales hasta tus interacciones cara a cara. La mejor forma de garantizar que todos los clientes reciban un trato igualitario es hacerlo de corazón o, lo que es lo mismo, con humanidad.

Ese toque humano y personal es lo que consigue que cualquier servicio de atención al cliente no sea simplemente bueno, sino excelente. ¿Pero cómo lo logramos?, te comparto algunos consejos para cumplir este objetivo:

Rodéate de la gente adecuada

Tener un buen equipo es un factor clave a la hora de prestar un servicio de alto nivel. Ya lo hemos dicho: si consigues encontrar a personas que amen lo que haces tanto como tú y que disfruten ayudando a la gente, puedes marcar la diferencia.

Toma en cuenta que estas cualidades no son únicamente para puestos de servicio al cliente: *todos y cada uno de los miembros de tu negocio deben expresar la intención de ayudar a los clientes.*

Muestra flexibilidad

Como dueño de una pyme tienes más flexibilidad a la hora de ofrecer soluciones personalizadas cuando hay algún inconveniente. Evita pensar que estás perdiendo. La forma de atender a un cliente varía dependiendo del tamaño del negocio. A menudo resulta útil ofrecer un compromiso de devolución de dinero. He visto como mágicamente la presión desaparece. Al mismo tiempo, te ganas el respeto del cliente.

Del mismo modo, si un cliente tiene problemas con tu página web o con los emails, no lo contactes hasta investigar el origen del problema. Tu cliente agradecerá tu nivel de entendimiento.

Ofrece disponibilidad las 24 horas del día

Si eres un negocio digital, debes comprender que la actividad de los usuarios aumenta en los "horarios no laborables". A nadie le gusta que lo ignoren cuando necesita ayuda —sobre todo en las redes sociales—. Asegúrate de que tus clientes siempre tengan otra alternativa a la hora de pedir ayuda. Un *chatbot*[47] conectado a una sección de preguntas frecuentes funciona bien en ciertas ocasiones, pero debes ser consciente de que no siempre es suficiente. Es importante facilitar un número de contacto, y una voz humana al otro lado del teléfono siempre será mucho mejor que un contestador o una grabación.

Busca relaciones a largo plazo

Aprovecho para repetirlo: cada oportunidad de conocer a tus clientes y construir una relación con ellos es para comprender lo que les gusta y lo que no, y para descubrir en qué puntos ellos entienden que debes mejorar.

Si intentas que se aporten ideas relativas a la toma de decisiones del negocio, ya sea mediante preguntas en las redes sociales o a través de otros medios, lograrás que se sientan incluidos. Es más probable que un cliente que tenga una relación estrecha con tu marca vuelva a confiar en tus servicios que si no tiene relación alguna. Además, al valorar su opinión les demuestras que de verdad te importa.

Representa tu marca

Si te esfuerzas para que el tono de voz en tus conversaciones esté en sintonía con tu marca, el cliente siempre tendrá la misma opinión positiva de tu negocio sin importar la plataforma que hayas utilizado. Después puedes continuar con una relación más directa, ya sea a través de llamadas telefónicas o de reuniones.

¡Sorpréndelos!

Si de verdad quieres personalizar tu servicio, hay infinitas maneras de hacerlo. En Tabuga® retomamos la *vieja costumbre* de enviar una pequeña nota escrita a mano en la tarjeta de navidad. Todavía al momento de editar este material —en abril 2019— tenemos clientes que recuerdan el detalle. Es cierto que la tecnología avanza a pasos agigantados, solo evita perder el toque humano.

Reflexiones sobre emprender

El sueño de tu propio negocio puede ser fantástico: hacer lo que quieres, romper con los horarios, tomar las riendas de tu propia vida…

Sin embargo, también tienes que asumir problemas nuevos, estrés, y otras responsabilidades, incluso en días en los que preferirías quedarte en casa antes que salir a enfrentarte con el mundo… y el tránsito.

Cuando has invertido tu alma, tu corazón, tu tiempo y tu estabilidad económica en tu negocio, puedes entrar en pánico cada vez que las cosas no salen como las habías concebido. No debes avergonzarte por admitir que hay algo que no ha funcionado. No serás el primer emprendedor que sufre un tropiezo y, desde luego, no serás el último.

No hay nada de malo en cometer errores, evita enredarte en aparentar que todo va de maravillas. Al ver el documental de Netflix®[48] sobre Elizabeth Holmes, CEO de Theranos®[49], pude darme cuenta de hasta donde puede llegar el tratar de tener éxito sin pensar en las consecuencias. Cuando llegue ese momento en que parece se te cae el cielo encima, no dudes en pedir ayuda.

Como *"hay de todo en la viña del señor"*, no me sorprende leer cómo Mark Cuban les dice a los emprendedores que no pidan ayuda[50]. Y está claro que él considere que el emprendedor debe primero ***ejercitarse en ayudarse a sí mismo.***

Según Cuban, cada vez que invierte en una empresa, ofrece mucha ayuda. Dijo que había contratado a 15 personas para trabajar con sus compañías para que se pusieran al día y llenaran los vacíos en el conocimiento de los fundadores.

Antes de considerar escapar hacia una montaña, plantéate la verdadera seriedad de la situación. Si estás a punto de hundirte y te enfrentas a grandes pérdidas, tienes que buscar ayuda inmediatamente. Si hay algo que se pueda salvar, probablemente lo mejor que puedes hacer es dedicar un poco de tiempo a la búsqueda de alguien que sepa lo que hace, y pedir su ayuda. Siempre aparecerá alguien que te dirá: ¿porqué vienes ahora y no cuando salías en el periódico?

Olvida lo que te digan y enfócate en rescatar la situación.

Deja de preocuparte por lo que no tiene salvación y empieza desde abajo. ***Casilla 0*** –como el juego de escaleras y serpientes[51]–. Calcula los problemas que sí tienen solución y ponte manos a la obra. Aplaza lo que no eres capaz de solucionar hasta que hayas conseguido ayuda. Aunque a veces te pueda parecer, no estás solo.

Tengo el testimonio de que a veces la ayuda llega desde los lugares más inesperados. Creo fervientemente en la teoría de los *seis grados de separación*[52]. Nunca se sabe con quién estás conectado a través de tus amigos y familiares. Intenta hablar con los más cercanos y queridos; no podrás delegarles tus responsabilidades, pero incluso si lo único que pueden ofrecerte es un café y un par de oídos para escuchar, siempre es mejor hablar que guardártelo dentro. Evita explotar.

Recuerdo haber tomado un avión a México durante un proceso de negociación muy fuerte que me mantenía estresado, por una diosidencia de la vida, me tocó un compañero de viaje con quien puede compartir mi preocupación. Resultó que el *gurú* tenía la experiencia que me permitió disipar casi todas las inquietudes que me habían provocado las noches de insomnio.

Considero que los eventos de *networking* –si hay buena fe– pueden evolucionar a grupos de apoyo. ¡Serían de gran alivio! Conéctate a foros online, grupos de emprendedores, o simplemente charlas en un café. Estas personas no solo estarán pasando por los mismos dilemas que tú, sino que entienden la cantidad de horas que has dedicado a tu sueño y pueden ofrecerte apoyo desde una perspectiva en la que comprenden mucho mejor todo lo que has sacrificado. Para encontrar grupos de emprendedores te recomiendo conectarte a la *Red Nacional de Emprendimiento* y al portal de negocios LinkedIn®.

Quizá todo lo que necesitas para tu emprendimiento es un poco de dinero, o algún tipo de reconocimiento para empujar tu negocio. Si ese es el caso, ponte en contacto con tantas entidades beneficiarias como puedas. Hay numerosas subvenciones disponibles en diferentes sectores industriales.

En el *Viceministerio de Fomento a la Micro, Pequeña y Mediana Empresa del Ministerio de Industria, Comercio y Mipymes* (**MICM**), podrán informarte sobre procedimientos y subvenciones, y ponerte en contacto con mentores y grupos de apoyo. Ellos ofrecen toda una gama de recursos, desde información para encontrar a personas que puedan ayudarte hasta estructuras creadas –como los *Centros Mipymes*–, para apoyarte.

Si te interesa estar cerca del Estado, te sugiero que te registres en la *Dirección de Compras y Contrataciones* para ser proveedor del Estado, en el portal *Compras Dominicanas* aparecen muchas oportunidades a las que puedes aplicar. Recuerda tener toda tu documentación al día.

Piensa en alguien que se haya recuperado de situaciones como las que estés pasando –puede ser un salvavidas en momentos difíciles–.

No debes permitir que las situaciones complicadas se vuelvan extremas. Este mentor habrá visto tantos errores, problemas, y situaciones para subirle la tensión a cualquiera que los tuyos le parecerán un paseo por la Zona Colonial. En lugar de recurrir a manuales y libros, un mentor puede orientarte y proporcionarte ayuda basándose en su experiencia, explicándote lo que ha funcionado en su caso y lo que no.

Evita quedarte estático: un mentor ha ganado experiencia en un sinnúmero de situaciones y en otras no, también representa intereses en los que algún momento él haya tenido conflicto. Mi recomendación es que puedas tener siempre una segunda opinión.

Normalmente, los mentores tienen contactos en industrias similares a la tuya, así que tendrás a tu disposición ayuda de todo tipo para cualquier problema al que te enfrentes. Sin embargo, un mentor no es un asesor, y tu relación con él debe ser recíproca. No esperes conseguir todo lo que necesitas sin dar nada a cambio, tienes que compensar en la misma proporción como ayuda recibas.

Hay momentos en que definir las *reciprocidades* con un mentor se vuelve complicado, si dispones de recursos, puedes acudir a asesores empresariales que se especializan en convertir empresas en riesgo en proyectos de éxito. Si el motivo de tus inconvenientes es la falta de tiempo para remediarlos, la respuesta es sencilla: contrata a un par de independientes para que alivien el peso de tus hombros, especialmente si el trabajo administrativo consume la mayor parte de tu tiempo —sobre todo los procesos en República Dominicana que requieren mucho papeleo—. Es muy fácil terminar absorbido por la gestión de tu negocio, pero un par de ojos expertos e independientes pueden ofrecer soluciones instantáneas.

Verifica si tu negocio está diversificándose muy rápido. Esta es una problemática del mercado, ya que muchas veces los clientes empujan a los emprendedores a ofrecer líneas de productos o servicios que son exógenas a ellos.

También sucede que el competidor introduce una novedad, la cual debes incorporar, pero sin saber que quizás tu competidor tiene una estrategia de rentabilidad lenta y que puede esperar perfectamente diez años para recuperar su dinero —y ver que desaparezcas de paso—. Ten cuidado cuál es la motivación en tu plan de expansión.

Si te quedaste atascado puede parecer el fin del mundo, pero tienes que recordarte a ti mismo que es una oportunidad para analizar todo lo que estás haciendo. Soluciona lo que puedas, y si no puedes, considera la Tercera Ley de Newton: ***"cada acción tiene una reacción igual y opuesta."*** ¡Basados en esta ley, los científicos de la NASA lograron colocar un cohete en órbita!

Cual cohete que se eleva hacia la atmósfera tendrás que dejar muchos objetos atrás en tu recorrido. Recuerda calcular bien cuál es tu destino final.

La cajera del supermercado ahora *tiene mucho en qué pensar.*

Buena suerte.

Notas & referencias

[1] Rework. David Heinemeier Hansson y Jason Fried. 2010.

[2] Sangre, sudor y lágrimas. Lukacs, John. 2008.

[3] Emprendedor 10%: ¡Vive el sueño de emprender sin renunciar a tu empleo! (Edición en español). Patrick J. McGinnis. 2016.

[4] Empresa que tiene un valor superior a los US$1,000 millones de dólares.

[5] Seleccionada para la lista Forbes Asia's 30 Under 30, 2016, en la categoría Enterprise Tech.

[6] Conocido también como "Lluvia de Ideas".

[7] Business Model Generation. Osterwalder, Yves Pigneur y Alan Smith. 2010.

[8] Story Based Selling: Create Connect and Close. Jeff Bloomflied. 2014.

[9] SMART es un acrónimo que puede usar para guiar su configuración de metas. Sus criterios se atribuyen comúnmente al concepto de Gestión por Objetivos de Peter Drucker.

[10] Attitude Is Everything: If You Want to Succeed Above and Beyond. Paul J. Meyer. 2003.

[11] Es un subconjunto del mercado o un grupo pequeño de consumidores en el que se enfoca un producto específico.

[12] Navegando en Aguas Digitales: sumérgete conmigo. Yi Min Shum. 2016.

[13] Condiciones Sistémicas para el Emprendimiento Dinámico2017. América Latina:avances y retrocesos en perspectiva. Hugo Kantis, Juan Federico y Sabrina Ibarra García. 2017.

[14] Siglas de Ciencia Tecnología e Innovación (STI en inglés).

[15] Inteligencia Emocional. Daniel Goleman. 1995.

[16] Nova School of Business & Economics, ubicada en Cascais, Portugal.

[17] Un inversor ángel es un individuo próspero que provee capital a una startup, usualmente a cambio de una participación accionaria. Típicamente invierten sus propios fondos.

[18] Visita http://www.rexi.do

[19] Return of Investment (retorno sobre la inversion en español).

[20] Visita http://www.edufinanzas.net

[21] Start Me Up! The No-Business-Plan Business Plan. Ebong Eka. 2014.

[22] Encuesta Fondo Micro 2013.

[23] Ministerio de Industria, Comercio y Mipymes de la República Dominicana.

[24] Ten Types of Innovation. The discipline of building breakthroughs. Larry Keeley, Ryan Pikkel, Brian Quinn y Helen Walters. 2013.

[25] Morir de Fama. 3 de noviembre de 2009. https://arturolopezvalerio.com/morir-de-fama/

[26] Es una estrategia que utiliza múltiples puntos de contacto (canales online y offline) que las organizaciones utilizan para mejorar la experiencia del usuario.

[27] The Art of SEO. Hamlet Batista. 2009.

[28] Ganador de la Competencia de planes de negocios del Ministerio de Educación Superior Ciencia y Tecnología. Año 2009.

[29] Mark Cuban's Top 3 Rules for Business Success. Kimberly Weisul, Inc.-com. Mayo 2015.

[30] Un autobús o automóvil que tiene improvisado un equipo de sonido o altavoz donde "anuncia" los productos o servicios que ofrece.

³¹ Customer Relationship Manager ó gestor de la relación con los clientes en español.

³² Nuestra huella digital está formada por los rastros que dejamos al utilizar Internet.

³³ Informe sobre el desarrollo mundial. Dividendos Digitales. Grupo Banco Mundial. 2016.

³⁴ 22 años de Internet en RD. Mite Nishio. 2017. www.mitenishio.com

³⁵ Wordpress es un sistema de gestión de contenido gratuito y de código abierto basado en PHP y MySQL.

³⁶ Adversperience. The convergence of advertising and experiential marketing. Nicole Gallucci. 2014.

³⁷ También conocida como economía creativa, es el conjunto de actividades que de manera encadenada permiten que las ideas se transformen en bienes y servicios culturales, cuyo valor está determinado por su contenido de propiedad intelectual.

³⁸ La economía naranja: una oportunidad infinita. Felipe Buitrago Restrepo e Iván Duque Márquez. 2013.

³⁹ BrightLocal's Local Clicks & Calls survey. Myles Anderson. 2015.

⁴⁰ Discover how marketing analytics increases business performance. Forrester Consumer Technographics. 2016.

⁴¹ Vender más en Internet. David Boronat y Ester Pallarès. 2012.

⁴² La tasa de conversión es el indicador que nos dice el tráfico de visitas que haya realizado una acción, como podría ser comprar un producto. No hay un mejor indicador para medir el éxito de nuestras acciones o estrategias.

⁴³ Digital destiny. How the new age of data will transform the way we work, live, and communicate. Shawn Dubravac, Ph.D. 2015.

[44] Shopify es una empresa canadiense que ofrece tiendas para el comercio electrónico.

[45] Magento es una plataforma de comercio electrónico de código abierto escrita en PHP.

[46] Enterprise Resource Planning o planificación de recursos empresariales (en español), es la gestión integrada de los procesos empresariales centrales, a menudo en tiempo real y mediada por software y tecnología.

[47] Un chatbot es un programa de computadora o una inteligencia artificial que lleva a cabo una conversación a través de métodos auditivos o textuales.

[48] The Inventor: Out for Blood in Silicon Valley. Netflix. 2019.

[49] Con un nuevo invento que prometía revolucionar las pruebas de sangre, Elizabeth Holmes se convirtió en la inventora multimillonaria más joven del mundo, aclamada por la prensa como el próximo Steve Jobs. Luego, dos años más tarde, su compañía multimillonaria se disolvió.

[50] Véase 17.

[51] Serpientes y escaleras es un juego de tablero indio, considerado actualmente como un clásico a nivel mundial. Si al finalizar un movimiento un jugador cae en un casillero en donde comienza una escalera, sube por ella hasta el casillero donde ésta termina. Si, por el contrario, cae en uno en donde comienza una serpiente, debe descender por ésta hasta el casillero donde finaliza su cola.

[52] Seis grados de separación es la idea de que todas las personas tienen seis o menos conexiones sociales alejadas entre sí. Como resultado, se puede hacer una cadena de declaraciones de "un amigo de un amigo" para conectar a dos personas en un máximo de seis pasos.

Comparte tu historia

Para encontrar las últimas herramientas que te ayuden a emprender, leer nuevas tácticas —mías y de otros lectores—, y compartir tus propios hallazgos, por favor visita **emprendebook.com** para acceder a los recursos en línea.

Solo tienes que indicarnos el número de orden de Amazon®. También puedes solicitar el acceso a la dirección <u>acceso@emprendebook.com</u> anexando una copia del recibo de compra.

Utiliza las etiquetas #EMPRENDE y #EMPRENDEBOOK en las redes sociales. Puede que tus historias sean contempladas para una segunda edición.

Sobre el autor

Arturo López Valerio es un empresario tecnológico, pionero en el uso y la aplicación de las TICs para la sofisticación de los negocios y la innovación en el área del marketing.

Con poco más de dos décadas de experiencia en la industria del Internet, ha sido pionero en proyectos de *cloud computing*, *eCommerce*, *marketing digital*, monetización de medios y el desarrollo de aplicaciones móviles en República Dominicana, las cuales ha impulsado desde el sector privado, medios de comunicación y activismo social.

Como empresario ha sido cofundador de más de once proyectos y/o empresas de base tecnológica. Como emprendedor ha sido responsable de la entrada al mercado de marcas multinacionales como Terra®, TopicFlower®, Meshh®, Sindyk®, StartupsAcademy®, entre otras. Además, es activo evangelizador en la adopción de nuevas tecnologías para emprendedores, pequeñas y grandes empresas a través de la consultora Tabuga®.

En 2010, fue designado como *Experto Nacional* para la República Dominicana por la World Summit Awards (WSA), iniciativa insignia de Naciones Unidas y su Alianza Global para las TIC y el Desarrollo (GAID), que hace hincapié en la diversidad e identidad cultural, la creación de contenidos informativos variados y la digitalización del patrimonio educativo, científico y cultural.

Desde el año 2003 difunde regularmente contenidos sobre ciencia, tecnología, innovación y marketing a través de su blog **www.arturolopezvalerio.com**.

La primera edición de *#EMPRENDE: una guía para ciudadanos de a pie* de **Arturo López Valerio** fue impresa en USA por Kindle Direct Publishing®.

En su composición se utilizó la familia tipográfica *Montserrat Pro* y *Baskerville*, diseñada por Julieta Ulanovsky y John Baskerville respectivamente.

Para el diseño de portada fue utilizado el software online del unicornio asiático Canva®.